WORÜBER EREMITEN SCHWEIGEN

oder

die Gesänge der weiten Schwarzsandmeere

Jack B. Smith

Herstellung und Verlag:
BoD - Books on Demand, Norderstedt
ISBN 978-3-7448-7261-4

Ich mag die Nacht. Sie ist kühl, klar und friedlich. Die Straße fließt unter mir vorbei wie ein ewig grauer Fluss. Der Mond erhellt oder lässt alle Dunkel. Stunde um Stunde, Tag um Tag. Wochen, Monate und Jahre. Doch eigentlich bin ich in einer Wüste. Der heiße Sand brennt unter meinen Füßen. Die Sonne macht einen Blind und verbrennt einem die Haut. Und während einige Teile von mir zu diesem Glimmen in der Ferne aufgebrochen sind, sind andere dabei, Sand zu sortieren. Sandkorn um Sandkorn nehmen sie, legen alles von der einen Seite auf die andere. Erst wenn sie damit fertig zu sein scheinen bemerken sie, dass sich nicht verändert hat. Sand Sortieren, nach Größe, Farbe, Form und atomarer Masse. Die Hitze der kargen Weiten macht die Haut ledrig und dick. Die Hitze wird nicht weniger, sie stört einen nur nicht mehr so wie damals als man losgegangen ist, und noch irgendwie komplett war. Die Füße wissen noch tief in sich warum sie aufgebrochen sind. Sie sinken in den staubigen Sand ein. Schneiden sich auf an messerscharfen Steinen deren Spitzen sich tief ins Fleisch bohren. Mein Herz kennt dieses heilende Flackern in der Ferne, das einen Teil tief in ihm entzündet hat. Wie ein Docht, der nicht verlöschen will oder kann. Ich sehe um mich. Die Dünen spenden dem letzten Licht meiner Augen Frieden. Wie weit der Leuchtturm in diesen Meeren aus Allem und Nichts ist, kann ich nicht mehr sagen. Ich meine die Brandung zu hören und eine Möwe gesehen zu haben. Einen Schatten davon, eine Vage Silhouette. Man betet diesen einen Vogel an, weil man meint, dass er ein Anker ist den man in die Tiefen sendet um Halt zu finden. Um alle Teile von Sicht zu sich zu ziehen und zu vereinen. Damit man nicht mehr als Mast ohne Segel, und Segel ohne Mast, oder bloße Takelage auf die Klippen zusteuert. Dinge gingen über Bord und sind schon vorausgesegelt. Große alte Teile die mir durch die Zeit von diesem Land erzählen auf das ich meinen Kurs gesetzt habe. Und während ich zu Sand zerfließe, und der schneidend heiße Wind mir das Fleisch von den Knochen Schält, schmecke ich das Meer auf meinen Lippen. Auf meiner Zunge ist das Salz dieser Erde und füllt meine Seele mit dem Rauschen der Brandung.

Über deinem ältesten Sphingenantlitz ziehen
die Gestirne lang vorüber,
 wachest wartend in nahester Ferne,
dass ich blicke voll blindem Tasten auf zu dir.

Fordernd bettelnd hallend noch ist mein Geist im
Dampfe.

Meine endlich hohlen Stöcke Stäbe,
werden auf aller meiner Pfade Blutgeschunden,
durch all meiner Seelentiefe Pilgern hin zu Dir
und dem ewigen allerfernsten Dort.

Unter deinen erhabenen Pfauenflügeln breitet sich da
eine ungenannte finsterweite See, in der sich die eine
wahre unbesehen Weisheit unter ihrer nährenden
satten Schwere schlängelnd windet.

Strahlend Reich geschmückt mit Zepter Ewigkeit
welch unsichtbarer Schönheit Pracht, thront glühend
über den zeitlos größten Äonen
still majestätisch hinfort.

Gleißend Wellengang aller Gezeitenstimmen begleiten
 blanke eng schneidende Nacktheit, Schmiegend
sich an wie an eine hohe reiche sättigende
doch ebenso tief bittere Mutterbrust.

Wie die tollwütige schnaubende bellende Wellengischt,
reicht sie ihre heilig saure Milch mir geifernd dar.

Es glänzt das bleiche Antlitz deiner bestirnten
Finsternis über mir deinem liebsten Kind lächelt mir
spöttisch, wie sehr ich mich an mir selber säuge,
 wie bittersüß ach es mir im Herzen wird.

                Nicht verwandte Wanderer
                 gingen mit blindem Blick
                 lang schon dort vorüber,
                  seid euch gegenseitig
                        auch mir
                   keinen stillsten Gruß
                      Klang wert.

      Eure stummen Schnäbel speiend nachher nie gehörte
           Wortspiegel Tanz wenn sie stehen unbesehen.

   Mir gereicht bist du allein als reichste
   Speise einzig als Wahr zu erkennen,
   mit weitläufiger sachter ewiger Geste weist
    du mir die Wege fort.
                    Durch einer taub machenden,
                   doch stummen wärmster Sachtheit
                      Stimme hellstem Glanz.

Mein eigen engstes blindes Herz hab ich mir
zerscholten
durch deiner Hitze Fluten, es von wie durch aller
Sturz und Fehl weit sehend wissend hab es gepeitscht.

                  Doch Blind bin ich gemacht
                  durch dein gleißend Lächeln,
           als stummblinder Wanderer sitzend dunkel dort
             in deinen ungesehen von heiligster Schwärze
                      umstürmten Häusern.

Rastlos bin ich stürmend um sie, auf und in dir
wie mir umher, wegen dem Ziel
wegen dem ich in dich auf dich in mich,
an diese engste Sterblich Wesen Orte kroch.

Steinplatten Tundra schürfte mir oft und gern
die fein ledernen Pantoffeln wund,
auch machst du meine seidenen Wadenwickel alt
vom heißen Wind meines suchenden Herzens.

War nie losgebunden in mir meiner Seelenblute
Kettenklamm, hab begonnen zu suchen
in deinen wie meinen tiefen Spiegeln Ewigkeiten.

Doch dein tiefes Bleiben ist wie zu sacht
viel zu lang geblieben dort schnürt in mir,
wie heiliges Öl triefend
du segnender Gürtelglanz, schnürt mir
fortwährend meinem falschesten
Lebenswillen den Atem ab.

Ich geh immer abermals
wie Altfordern gleich hinein in dich
wie mich.

Bis ich seh es fort in mir bestehen
dich heiligster Segen mir, von dein und dich.

Zeigst mir den einen wahrheitsprechend Spiegel,
das Selbst spricht dort aus allem wartend, aus jeder
meiner Seele Kerkerritze.

Auf das deine unsichtbare Hand
es mit einer göttlich Geste
ihm Wahrheit weise, was Wahrheit heißt
so sacht und schneidend mit Wiederblick.

Hältst mich wie an unsichtbaren Seidenbändern,
uns durch alle Meere
weltengroße Stürme mich mit dir sicher.

Mein Wächter stehest um die weitesten und rötesten
aller Zeiten, sie in mir zu halten
in den ungefühlten Weiten ohne Argheit harter Hand.

Deine tosenden Gezeitenstürme unter wild jagend
Wolkenburgen, sei ich dort noch Ewigkeiten
fleht ich hinein in dich wie ruf ich hallend in mich.

Doch du blickst nicht mit zarter Liebe voll
wärmster Wonne auf mich, den unbedeutend Wanderer
kennt deine lichtest heimste Fremde nicht, noch nie
hat jemand geblickt mit solch wertlose Weise erst an
mich.

Du sahst größte finstre Prinzen in deiner, ihr
Seelenmark
in dich ausgegossen, schrecklich glühend Drachen
Angst mit Herze tiefsten reinstem Blut erschlagen.

Nun bin es ich dank dir der flog abermals zu dir
durch alle deine Reiche Herrlichkeit,
durch alle Schlachten schlug ich mich
durch mich selbst wie dich
stumme größte Kaiserin hindurch für dich.

Formte aus den Schreien meiner Seele
eigene Kaiserreiche einen Sturm in mir, der spannte
aus der schwächsten Ängste Häute
gemachte Segel zu tragen mich hin
zu Heimstadt höheren Häusern.

Meine Galeeren jagten mit mir über unsere
schwärzere Ewigkeit, hin zu dieser unserer
Hoffnungsvollen ehrlichen Endlichkeit.

Hast mich hoch herzlich aber Stumm in wärmeren
Backsteinstuben begrüßt, liesest mich gewähren
mich tief in unser gemeinsames verwandtes Herz
und unsere aneinander satt fressen.

Unter diesen deinen hohen quollen Feuerhimmeln,
die reichsten Phönixflammen verlöschen hier in
Ewigkeit
von mir verzehrt.
Hab sie zitternd verzückt
in mein gleißend Funken schlagend,
nun unbezwingbar unsterblich Herrscherherz
wärmend begrüßt und in meine heiligen endlosen
Hallen Weite aufgenommen.

Flammend allezeit nun dort fort in mir mit
deiner einen Wahrheit warnend Wort,
andere zu verbrennen die schlagend stehen
an deinem ungesehbaren Lebensbaum,
sie zu weisen, sie zu richten,
nicht ihr schwaches Herz
an dich zu richten.

Kraft von Schönheit aller Weite formte
deiner Wolkenrösser in meiner frischen Höhe,
reite nun fortan blicke nicht zurück
auf alte Urzeit vergehend Staubessgischt.

Weit gespreizt, dein ewig erhaben Auge Blick ,
siehst jetzt wie auch fortan mit deinem Stolz auf mich.

Durch diese endlosen Lande
deine unsichtbare Hand in mir
mich weit walten lässt, fest mich leitend.

Meinem Herz eine sichere Burg welch hohe Heimstadt
warst du seitdem ich dich gefunden,
in dir ist's warm und wohnlich, ach du Zuhause
aller bester Einsamkeiten bist du
meinem Gedanken ein Golden Falten.

Deinen weiten Blick werd ich nicht los
aus mir wie meiner Herzens weiten Breite,
zu weit gespannte Ewigkeit dein still sehend Auge
Blick hat mich gekettet hart und zart auf dich.

Wie Schmetterlinge schön wie zart blitzen
deine Lieder streicheln sachter Hand
auf mir, heilig weitwie segnend Quietschen kratzen
sie heilend an meiner Seelewirken,
deine schwarzschweren Wimpern schlagen
wie klare glatte Balken auf meiner
nackten Geiste bloßer Haut.

Unter dieser deiner Klippen
karger Schönheit, schlagen
staubig machend deine zart gegürteten Flügel,
machen gleich tosend kochend Ozeane
 in mir nur zu gerne los.

Wilden Tänzern sind sie gleich die dich hoch
besingen
dich bejubeln, zu Stumm sind sie doch
tanzen viel zu laut dir zu deiner höchsten
Ehre tosend jauchzend Rauschen.

Deine Schönheit reichet mir die zarteste der Hände,
sie blickt mich an ich vergehe nur zu gerne,
in nur einer deiner Rührung kleinsten Augenschlag.

War's wahr,
dass dein und unser festes Ehegattenband,
oder war's nur leerste Projektion, ach loser
glanzverloren Bürdenschein.

Keiner Wahrheit Wälle
meiner grimmen größten Wehranlagen sicher,
strecke ich mir die zitterndknochig karge Hände
nach einer lang vergangenen Nebelhaften, darin lang
vergangen, wie zum Feste aus.

Du blickst mich an und ich zurück in deinen stummen
Geborgenheit reichsten Mutterblick,
ach sag doch was, mein zu schönstes
mir verwandtes Greisen Kind.

Lass fliegen mich über
deinen seichten samtenen Weiten,
baute Flügel mir aus meinen Wachsgedanken,
manche sind zu bleierne schmelzende Maschinen.

Tollste Freude brachten sie mir nicht
dir zur Ehr, noch keinen Schritt
noch keinen Vogelflug weit kam ich
in mir noch hin zu Dir.

Alles hab ich dir getan
 in meinen pochend Herzenweiten,
 doch für deinen weiten Blick war's nie genug Blut
von mir in dich gegossen.

Seist und warst kein Stein mir den ich still behörte,
noch erschmecken mag ich deiner Rauheit
süßen wärmsten Glänze.

Nahrung von meinen Seelenperlen Seidenhaut
 gebe ich dir, dass du Fliegen mögest über mir,
stürze dich du in mich hinein zum schnellsten
 Jagen, damit du siehst nur dich in mir,
wie alledem allein.

Gekleidet bist du nun als ob du Hochzeit mit mir
wolltest reichlich feiern, doch lässt mich schindend
mein steinern Herz weiter zermeisseln, zu
deinem schwarzen Körper Sand,
feinst in weißer Glut verbrennen.

Weck dies Tief in mir, wie Dir.

Lass es Blicken auf mich,
sei nicht so hart, zu Stolz
meiner inneren Länder Braut,
es spricht flehend
kniend betend
dein liebend Ehegatte süß
singend zu Dir.

Der Sturm war ich mir in allen deinen schnellsten
finsteren Mühlen, mahlte Herzen-Weh
der Seelengebeine klein zu glitzernd Staub,
jeder sterbende Gedanke wurd endlos
oft zu deinem Sande.

Als Wanderer auf deinen Feldern weiß ich nichts vom
Mehl, noch von der Mühle, schieben
nur meinen mauergleichen Eselsinn stur voran,
auf deinen starren schwarzen Weges
breiten Sammtheit Fell.

Doch wenn wärmste Feuerweiten sind über deinen
satten Landen, ist's ob mein Herz
tausend gleißend Glänze weiden.

Ach als Wanderer wo geh ich hin
so Hoffnungsvoll entrückt,
es gibt in deinen dunkelsten Wüsten keine Sattheit
bringend Fischerschar die Netze hallend singen Füllen .

S'ist kein Strand dort im Erreichbaren deiner
Meere der Ziele oder Häfen kennen würde.

S'ist nur deiner Hitze kalter tief schneidend Wind
Ewigkeit, der in meinen Mühlherz wie Müllersseele
krächzend quietschend Mahlt.

Ich bin ein alter staubig Müllersmann sitze hier, bin Alt
geworden vor dir, bleib auch du und setze dich
mein altersloses Händlerweib,
mit deinem reichbeladnen Karren
beglückend mich fortan, her zu mir.

Angeln werd ich weder Seele Fisch
noch Herze Biene hier aus dieser deiner Weidenmeere,
hohle Gräser dieser goldenen Felder wirst du füllen
aus meinem Herzeleid, die meinen leersten Nektar
nur zu gerne werden nehmen.

Und unendlich viele andere Berufene wohnen
 noch hier mit mir in dir,
alte bunte Tänzer,
weise karg Gebirge Männer,
dunkle wärmste Frau mit Lachen.

Viel zu viele sah ich dort in dich
mit ihrem brennend Herz gebunden,
in deinem tiefen Anblick gern gefangen,
von deinem Ewigkeiten
unheiligen segnenden Bann geliebt.

Blicken so weit so klar in aller Ferne gerne,
wirken fröhlich lang entrückt
wie aus weißem altem Staubgestein,
so werden sich deine alten Herren,
sowie deine zu frühen Damen
sich stumm starr dort blickend,
die Wege weisen.

Diese toten Götzen stehen um mich
wachend in dir,sind wie aus meiner
kleinsten Sterblichkeit mir ausgegossen,
geben mit ihr eine ewig tötend Vorstellung,
welch warnend Mahnung fortan mir.

Wie dumme Affen stehen andere
aus sterblichem Fleisch
in dir in deinem süß-bitteren Banne.

In mir aber aller alter Tiere hart Gebein
hast erwachen gemacht, glühend sich in mich
schmiedend gleich, machen zu vieles mehr in mir
noch wieder frohlockend Tanzen.

Sei nicht hart zu dir,
du heilig stehende Schmiedin Wüste,
sei härter zu meinem seichten fließend Wesen
mit deiner ewig Hammer Blicken.
Steh oder setz dich reinigend Geißelnd
damit du heiligst bleiben mögest,
mach mich zu unsterblich segnend
Stigmata dein Wort in mir bin ich
auf dir geschrieben.

Ich segne alle hohen Heiligtümer,
die du hast in mich gebunden,
werde Pilger zu aller Orten
mit meinem Herzen Tanzen.

Du hast sie gepflanzt
in meine düsteren Tiefen
mit aller deiner grausamst Liebe Druck.

Bist heilendes Leichengift
meiner toten Herzenswärme,
schenkst altes stärkstes Leben
meiner höchsten Hoffnung,
deine frischsten wärmsten Odemwinde
sind in mir die ärgste Wonne.

Sei sacht zu mir du schwärzeste
aller Herrscherinnen, mein Fleisch ist
nur mit der Seele Schmerz, der fleischend Härte
 an mein Herz aus meinem Leben gesalbt.

Alle deine ungezählten wiegend Liebe Blick auf mich
hernieder, ein wertendes Bild sich von solch engstem
kleinsten Herren mich in deiner
Weisheit zu erzimmern Neu.

Ach ihr leere umstehende Pfarrersleut,
 nur ein staubig alt Theaterstück
ist er euch, mein sterbender Teil
ist nicht von irgendwas noch jemals
wird er mehr fort bestehen nun an euch.

S'brauchte ihre fest gegründete Begeisterung tobend
gleißend heiße Wut in mich gesetzt zu siegen,
über alle Bestien die man meinem Ewigen
Weit zu reichlich gab, gibt fortan zum sattem Mahle.

Wer mich seither immer freuen
 an so reicher goldener Speis,
so werd ein großer Fisch ich einst selbst sein, noch
 größer als der größte Leviathan, größer
als jeder unerkannte Ozean.

Werde würzen mit deinem salzen Gruß
dies Fleisch, es mir haltend machen
in mir aus dir gemachter Ewigkeit,
damit es mir besser bis zum letzten meiner
wie auch deiner Knochen munde.

Ich schreib dich auf mir in neu gelernten Lauten
 alten Lettern , mit Federkiel aus meinem geläuterten
Gebein gebrochen, nun bin ich selbst mir eine deiner
bittersüßen Früchte Saft geworden.

Eine aufgezogene knöchern Porzellanfigur
aus deinen roten Rosenblüten
Sonnenuntergängen, satt gemacht
lieg ich wie geworfen, gleich weit
aller deiner glühend grünsten Täler.

In die heiligen zerworfen Lande
die sind nun immer in mir da,
bin blanke glänzend glatte
Segensbringermurmel nun geworden.

Alte stumme Herrscherin
spielst mit mir, bin dein wohlwollend Kind,
horch dort tief aus mir auf das Singen
deiner alten süßen weiten Worte.

Doch zu Alt bin ich mir geworden
in meiner wie in deiner Sachtheit Hand,
Gebirge alt Groß hast gebaut aus dem Geröll
das du geschmolzen hast aus mir,
doch bin ich ein Kind von leerer Zahl
keinem doch aller Alter Ziffer.

Nun sitze ich hier vor deinen Höhen
du blickst wie immer in mich hinunter,
aus Höhen die kein Vogel je erreichen mag,
fällt dein Blick auf mich hernieder.

Werde kurz an diesen schwarzen
 Fluss deines Blicks verweilen,
bevor ich weiterziehe
 dich in mich hineinzuatmen.

Werde ich mich immer finden
in aller Tempel Pracht,
die du bautest aus meiner Seele
Qual, doch nicht sehe kann
sie jemand in der hellsten Spiegeln Antlitz.

Schreibst auf mir
 mit deinen glänzend glühend Kriechern,
deine Lettern goldenschwarzschwer festgebunden,
an ungenannten Nebelhallen
 in mir ohne Wert und Zahl.

Lässt grimme Korsarenflotten rauchend
auf mir zurück,
sieh ganz bleich bin ich
von deiner zarten unfassbaren Hand gezimmert.

Hast Gebunden mich
 an deinen Mast
als hellstes Licht,
bin weite reiche karge Küste
auch das alte ewige Schiff.

Aller Alter Herr bin an diesem Steuerrad geworden,
zu meinem dunklen Diamanten
gleißend Schimmerlicht,
segle gerne wieder auf mir nieder
durch deiner Wellentäler
ungeahnte satte Weiten.

Aus deinem Herzen Tiefe richtig
Lachen hast du nicht verlernt,
was muss schirmen ich damit
ich finde einen Sinn in dieser
segnend heilig Pilgerreise.

Hohes Heim in deinen Tiefen
stehen alte wahrste Zeichen nun
in mir, sind süßlich trunken
alte Götzen nun, die spielen
scheltend feixend mit dem Ich.

Sind doch mein höchstes Licht
meine Stadt sowie mein Heim,
ich suche dich in mir gegürtet
wie auch wieder dort in deinen Tiefen.

Alte titanengleiche Städte finde
ich dort wie zuvor, groß
voller reichem Lebens aller Fülle
allergrößten Segens zu reich gebaut.

Niedere Herren und auch hohe Damen
gehen dort unbesehen
viel umher, sind in deiner
Gezeiten Stürme zu schwerem
Staub vergangen, sind nichts
Festes ach viel zu schweren Wertes.

Ihre Paläste stürzten ein, so
wurden zu deinem goldgeblendet
heißem Sand, liegen mit blanken
Gebeinen sind dir reiche Ernte
deiner ewigsten Bewohner wachsen.

In berstenden Ruinen sind
sie ewig groß geblieben, stumm
schweigen sie ihre Geschichte
vor sich blind lächelnd hin.

In ihren einstig weiten hallend Hallen,
wandeln ihre zahllosen Geister
eine ewige älteste Prozession.

Waren einst heilig,
nun blicklos Größe, sind dir
immer noch zu klein blicken
hinauf, zu dir ganz flehend
das Heiligtum suchend nach
Erlösung verlangen sie.

Du schaust zurück zu
ihrer endlosen Hoffnungslosigkeit,
ihnen keine Sicherheit noch Erlösung
ohne Wort und Klang versprechend.

Sie sind kleine Käfer
manch kriechend unfestes Getier,
wohnen nun an jenem
staubig karg zersetzten Ort,
setzen ihre Masken ab,
halten stillsten Kirchgang
für dich, auch auf mir.

Die älteren Herren Insekten
gleich sprechen zwar von dir in meiner Seele,
doch hören das krähen ihrer Herzen nicht
so will auch meines sprechen nicht
zu den ihren, denn sie reden
 über alten Götzendienst
mit süßlichem Gestank.

Denn zu Blank sind mir die Gebeine
ihrer verlorenen Heiligkeit,
waren nie mehr als ein Floh
der sprang, in deiner
Hitze Glut verging.

Du lachst mir nun, blickst mit mir
gen schwerste Ewigkeit,
die Käferlein wissen nicht warum
du so herzlich lachst mit mir
gemein, dein Geheimnis
 eben dieser klarsten Zeit
 hast du gerade ganz still mir versprochen.

Denn du bist ein heilig heilend schneidend
wilder Seelensturm mir, schwarz schwer,
aus tiefster Finsternis hast alle schon gebrochen
neu erschaffen.

Löscht alles aus was einst war
sicher in seinem Heimat Hort,
wie ein Blitzschlag stürmst du
alle schwersten Türen Tore ein.

Bist hoch lodernd, ein alter Feuer
Wahrheit Spiel, das alle Teufel
wie auch sämtliche Dämonennarren
fortan spielten gern mit Sterblichkeit.

Ihnen gefällt sehr wohl der
Hitze taub machend Melodie
deiner schimmernden Orchester,
die gar so knisternd hin wie lauthals
lachend toben, für mich einst
wie immer wieder zu
 einem so hohem Haus gespielt.

Singst immerfort unhörbar
in meiner Herz- und Seele-Ohren
wie ein kleines klares Licht,
wiegst nicht schwer auf meiner
Schultersbreite, noch in meiner
weitgespannten Brust.

Bist mir kein blutig schindend
 Dornenkreuz mehr, das ich nie zu
 Ungern durch mich wie dich getragen,
meine unheilige Sterblichkeit zu Opfern
auf den höchsten deiner Gipfel.

Doch bin ich eben erst geschlüpft
aus dieser zarten Pelle,
hörst und siehst mich an,
grinst mit breiter wärme lachend Segen.

In mir die kalte Zeit so die stille tötend
Flamme sacht verrinnt, deshalb getrau
ich mich nicht nur einen Schritt aus mir
zu tun, so halt ich dich in mich
du heilig wärmstes grimmes Glimmerlicht.

Alle Masken hast du mir gezeigt, anprobiert
die meine mir abgerissen, für alle Tänze
bin ich vorbereitet nun gesätigt,
werd sie tanzen um die Feuer
in mir dir zu ehren dein Antlitz anzubeten.

Sei Braut mir nun abermals
reiche mir die warme zarte Hand,
ich werde dir die Luft schon
zaubernd machen an den Flammen
wie du es hast mir getan.

Dann ruhen wir in unsrem Ehebette
still blickend in uns hinein, in uns
quietscht schön der Herzmaschine
schrillster Schein.

Ihre Kurbel dreh ich wie
die fleißigste Biene, Säfte deiner Knospe
steigen aus unserem Traume wie
der dichte Nebel auf, waren heilig
stechend Schmerzen Honigwasser mir.

Und so steig ich hinab mit mir
in allen Traumes weite Tiefen, dort
finde ich ein altes glimmernd Schloss
aus Gläsern Nebel Mauern,
in seichtem kleinsten Licht meines
Herzens Flammenscheines sich offenbart.

Dort stehen Stumm stolze
 alte Könige in ihren weiten Hallen, blicken
 sich und ihren Hofstaat an und schweigen
in ihren Augen fragend, wer dieser
 eine schimmernd erhellte Schein mag sein.

                          Zum Gastmal hier her hast du
                    Ewigkeit mich geladen, um zu spielen
                          mit mir wie mit allen da zuvor,
                    einen Tanz abermals zu wagen
                          klein und klar.

Hast mich wieder an einer güldnen
düster Kette angeleint, saugst aus ihr
meiner Herze Leben
meiner Seelen Blut zu gerne.

                    Werde selber mir ein neues stärker
                    schlagend Suchen finden, ein neues
                    Leben lachen heiliges Wiedervergehen,
                          bei diesem meinem letzten
                    brennend hohen Tiefenflug.

Wittere ich Sturheit alter Dämonengötter
bleiches Zähne blecken, blicken
mich an, lachen mir lockend
in ihrer schrecklich Fänge Schein.

                    Und so warte ich dort in mir wo keiner
                          vor mir hat gewartet, um selbst
                    deiner Hand zu schreiben diese Worte
                    unter mein segnend Fleisch, das Hauch
                          mir nagt vom blank bleichen
                    Knochen die letzte Sterblichkeit.

Dann bin ich wie du ein karger
ausgegossener Brocken deiner Hitze
Wüsten, wo leere Kraterpaläste
stehen dann in mir wie dir
in alle Höhen spitzes Schärfe.

Bist wie alle Einsamkeit dort
droben bei den heiligsten unzähmbaren
Gestirnen und Gewittern, bist ihnen
gleich Bruders Schwester
wie auch Väter aller Mütter.

Doch deiner Regen sternescheinend starre
heiße Gischt peitscht mich immer
fort voran, macht frisch durch ihr verbrühen
mein Feiern feierlich und selig Lachen.

Bin alter Narr nun
hab dich als Weib mir
gar gefunden, blick auf mich
herab nun lache sanft mit mir,
mein ehrlich betrügend Mutter
bist du geworden.

Doch deiner unspürbar Stimme
salzig Wind bleibt stiller Zeuge
einzig dort auf mir bestehen, lässt
Meere mich erahnen auf mir.

Sie sind mir angezogen wie die Rüstung
aller Harlekine, zieh ich sie mir aus
werde Ernst, damit du mir neu lernst anders
und auch echter Lachen.

Stehe bleich, nackt ungeschützt
vor deiner schneidend unsehend Augen
Größe, Nerven sind zu weit
mir offen – nun - so sterbe ich dir
ganz friedlich auch zu verlegen.

Hast meine junger Puppenspielerin mir
in der Hand jemals gelesen?
Was hast du dort wandeln
sehen und gebaut?

Schweig es nicht mit kargem
Blick, so sprich zu mir
mit alter hoher klarster Stimme,
die Nerven sind mir offen abermals
verlangen deinen schwersten Segen.

Die Haut schälte mir jene eine
Frage wie verbrennend, von meinen
geschundenen Gliedern an dich
gestellt, die dich liebkosten
vor unberührter Endlichkeit.

Doch du bist schweigender Auge
weitblickend schärfster Fels, groß
karg und bleich in deiner
riesigen schwärzesten Weite
Pracht, mir abermals
die hellste wärmste Nacht.

Werde wieder geschwinder
Reiten nun hinaus zu dir
auf mir, der klare Mond scheint meinem Pferd
dem mir ungenanntesten Tier.

Lässt staubend flattern, leise
 kriechend mich erhellt fliegen,
größter Winzling größter Wurm
bin ich für dich geblieben.

Einer von den vielen
Fischen in deiner schwarzen heilig
Wüstensee, sahst schon so viele
hier siehst noch mehr in deinen Tiefen schwimmen.

Alle Kaiser und Herrscherinnen ewig
groß, waren dir nie Blick
noch Augenblickes Bemerkung wert,
sind vergangen nun in deinen stummen
finsteren Weiten längst.

Gräten von gar vielen Tieren
liegen dort im stillen schärfsten
Ecken, wollen singen dir
ein unheilig Lied wie Unken
für dich einen Kreuzzug kriechen.

Heilgeste Chimäre bist du
 ältester Tyrann, deiner Dornen
 Blick stach, dein spitzer Schwanz peitscht
beißend giftig schon gar zu vielen.

Aller Schlange Weisheit
windest dich hellsehend doch
Stumm, zwängst dich um die Herzen
der vor dir stehen bettelnd nicht
empfangend, um sie zu würgen
schneiden dir zu Dienen.

Züngeln dir selbst aus ihren
an geborstenen alt-gewordenen falschen Eiern,
die keine Vögel in dir größte Mutter
 aller Großen nicht in Ruhe legten.

                    Doch wahrste Vögel der Erinnerung
                    segeln in allen deinen reinen Höhen,
                    ihr süßes heiliges wärmstes Singen
                    ist mir in allen meinen Kehlen.
                    Lässt aus neuem Ei mich
                    Entschlüpfen, müde bin ich
                    noch Nackt von deiner Weckung
                    harten Hand.

Nun steh ich vor diesen deinen
unwirklichen Weiten, bin abermals zu klein
 doch aller Zeiten nie vergangen.

                    Weide mich an deiner vollen wärmsten
                    Federpracht, wie freies frühes
                    Ross ganz in Ungemach
                    stürm ich in dir umher.

Ganz Stolz und ewigst Frei spring ich
 vor dir, strecke die Zunge
dir heraus und friere dennoch
 an unberührbaren Stellen tief in mir.

                    Ich zeig dir meine tollste aller Glänze
                    Federpracht, du fütterst mich
                    dafür zu sehr, machst doch nicht Satt.

Bis ich bin eines alten Königs
Adlerfalke, kann dann mit deiner
Krone schweben über dir und mir.

Doch dahinter und darunter bin ich
nur ein dummes Tier, klein und Stur
bin ich verschlossen mir in mir.

Majestät hast du aus mir gemacht
so ich gedacht, als ich flog
so Ewig lang doch zu kurz
in deinen höchsten Tiefen Winden.
Starrte schnell blitzend ich von schnellem
Flug herab, hast als der Wind
nur ein Spiel mit mir getrieben.

Hast dressiert mich wie die anderen
zuvor, will freister größter Kaiser
sein, bin doch unbedeutend
Tier geblieben.

Nun steh ich in meinem leersten Tempeln
Stumm, alte Leere
Verhüllte stehen um auf mich
starrend um mich herum.

Haben Seelenfackeln an mich
gebunden, damit meiner Herz
Heimstadt mir gewunken.

Damit ich begrüße dich zurück voll
heißestem Herzensfeuer Glück, durchstößt
mein Denken wie ein Schlag,
reinigendes heilig blitzgleiches Licht.

Doch nichts als Zeit hast du dafür
gefressen,unaufhörlich fortzudampfen
in deine und meine tiefsten
Gründe fahrend.

Bist ein schönes, in aller
 Alter größter Stille, Singen,
 wie die Blumen hast geschenkt mir
Herzgold und fesselst mich
 wie ein Kind an deine wärmste Kraft.

Bist mir aller süßlich Flötenspiel
in ungehörtem allerhöchsten trommeln Takt,
steige ich als wie ein Paukenschlag
in meine Finsternis Heimat
zu dir und mir hinab.

Wie die kleinste Motte sucht das versprechend hellste
Licht, werde ich wartend wandernd hier
blickend fortan festen zärtlichen Blicks auf Dich.

Schlägst aller Zeit in mir den schnellsten
auch tiefsten Paukenschlag das Herz,
was schon giftige Sturheit hast
allergrößter Geist magst durchgebracht.

Meine krächzenden Mühlen malen mich
zu deinem reinsten Mehl,damit ich werden
kann zu einem Teil deiner samten Meere
Ewigkeit.

Reflektierst da und dort in mir
ungesehen dumpfen Kristallglanz, ein sacht
berührter Kerzenschein in mir fast
ausgeblasen durch weiches Bitten
um dies eine.

Fach es an erneut das heiligste
aller Feuer Ich dort drin,
lass es umgürtet mit sachter Hand
halt es, lass es mein
 pulsierend Blut sein von dem ich werde
 heilend in aller Süße trunken.

Hast aus der kleinsten Schattenkinder
weise süße Klänge Flackern, mir
meinen Felsen Geist gerne zu
wohlgeborstenem Diamant geschmiedet.

Du hast deine eigne unerwähnte Zeit
gesetzt in aller meiner Dinge Singen,
sie ist alt Ernst, nicht in aller sichtlich
Schläge ein Schlagen.

Ich schreibe dies, laufe heiter
blind gebunden weiter, Jage
Kämpfe gegen nackte Puppen
sind nur bleiche leere Eierschale,
aus deren Bezwingung steige zu
meinem weiteren Selbst empor.

Wenn dort wartend vergehe steinern
 ich bin an deiner andern Küste Gischt,
werde baden mich in deiner
Hitze segnenden weiten Blick.

Unter diesem glühend Weltenburgen
Himmeln werde Feiern ich unser Sein, weit
ausgegossen fliegen durch all deine
schmeichelnd verwundend Winde Schein.

Von dieser deiner stillen Geister
Hand ich nun berührt an allen Enden
 Federkleid, sterbend stürze wieder
 ich ab in alle unsere alten Tiefen,
hast das eine schlimmste Spiel
abermals mit mir getrieben.

Doch nur um dein hellstes
süßestes Klingeln wieder an mich
zu tragen, deiner schneidend Winde
sachten Blick und deiner weiten
Wogen segnend Flut, heiß meißelnd
aus meiner Seele zu sprechen
zur tauben Welt.

Wunderschön ihre Stimme hellster
Schimmerschein hast geschmiedet,
lässt dennoch als kleinster unbewandert
Käfer mich erscheinen
 in deinem allsehend Augenschein.

Hast mit allen deinen ernsten schärfsten
Blick den schwachen Menschen von mir
abgeschnitten, mir dies sterblich alte
Fleisch vertrocknet und zermahlen, mit deinen
diamanten glühend Tränen
zu der Ewigkeiten Lehm geliebt.

Meine neue größte Seele sei geformt
durch deiner weiten liebend Hand
festen Blick, bin köstlich Brot
dir nun doch auch nur ein
kleinstes Spiel deinem Walten.

Heldenmut braucht's nicht in euch
ihr Anderen hohlen wissen lügend
Kriecher, keine leere Weisung
eurer Wortweite hohlem Licht
höre ich mehr an mich treten.

Das Glück von dem ihr sprecht
ist nur ein kurzer zärtest Worte
Schlag, zu klein und weit unten
dort um ewigwärts geltend zu streben.

Du jedoch hast mit ungekannter
Liebe finsterste Heiligkeit mir
gelehrt, zu finden in mir dies
eine vorher unbesehen ältestes
schwerstes Tor.

Gatter öffneten sich tosend
kamen endlos größte heilige
Armeen dort in mir hervor.

Tiefe schwarze Heere jagen über
den endlosen Leib meinem heiligen Befehl
gewahr hinfort, all ein Jeder unter ihnen
ist zeitloser Äon längst nicht mehr
von menschlich Fleisch.

Hast mit aller Zeiten Wesenheiten
 Blut aus aller Teile Körper der unbesehn
Welten, meinen ärgsten fressensten
Hunger tiefer Schwarz heiliger genährt,
selbst das Eine Ewigkeiten
Schmieden mich gelehrt.

Ob engster Freundgenosse
ob es war hässlichste Feindesbuhl,
ob es meines war aus tiefster Liebe
Schmerz an dich gebracht, immer
hast uns genährt wir
uns gegenseitig Satt gemacht.

Schwer von Liebe singst von mir
nun in deinen heißen kalten Winden,
hab am besten gefallen dir
mit meinem winzig quälend
süßem Rauschen.

Hab gespürt aller Winde
Tasten aller deiner größten Stürme
Hand stehend toben dort in mir,
aller deiner Atem
Götterbildnisse habe ich betend
kniend, mir segnend sprechend
Odemwind zu meiner Seele
glühend Fleisch gemacht.

Zerfetz mir nun nicht mit ihm meine
die Segel meiner Hitze Herzensturm,
so komm ich wieder meine liebste Weite
Weisheit, trete ich abermals
festen Schrittes an um mit dir
ewige Hochzeit zu feiern.

Bring meine höchsten teuersten Schätze
dir, und alles was an meinem ewig Blut
von unsterblichen Wert, lass reichlich Speiß'
süßen Trank zurück auf dir.

Damit sie werden deine Helligkeiten
schneiden schreibend Gischt
auf meiner Haut, deiner höchsten
Geister Sieg in meiner
tiefsten Königreiche Thron.

Denn dort ist selbst fahler Tod
nur ein winzig Kinderspiel, unbesehenes
Ewiges soll fort an dort Klingen, mit deinen
ungehörten lichten Chören
Engels- wie Dämonenstimmen.

Auf diesen nackten blanken alten
 Hafenplätzen meiner Körperstätte, waren viele
helle Herren karge Könige die in allen
unbekannten Größen wurden prophezeit.

Doch sollten sie nicht kommen um zu bleiben
weder auf noch in mir zu verweilen,
so bleibst du alter hellster Tod
ein Fenster zu der König Kinderkrippe
Spiel, ein Eremitenlehrer bist du
und hast den richtigen Herren
für immer nun aus mir gemacht.

Elegant' gericht hast mich und spielend
lässt mich mit aller deiner Weisheit
Pflicht, sprudelst frisch und tief
in mir wie Sturzbach und machst
tiefgeschneidend Klamm aus meiner
Stimme Tat.
An deinen kargsten Küsten bin ich gerne
zu oft, zu wachsend zerschellt,
altes Menschen krankes Ich
ist nun fort vergangen, hier auf deiner
wildreichen Natur hält den
Angeschmiedeten nichts mehr.

Mein Blick ist nun deiner Feuer
Blume, bin ein Edelstein doch
mehr glänzend Sonne, der frische
Vogelkäfig ist mit meinen Phönixfedern
leergebrannt, bin selbst Honig
süß mir selbst.
Doch wenn, wo und wie ich auch
mag wieder suchen, die Hand reichst
du nie für alle offen für der endlich Augen
sichtlich, doch meine größte reichste
Ewigkeit wird deine grüßend kennen.

Hast alles mir reichlichst gülden
 Schatz geschenkt, doch anderwärts
 hast über vergessene zahllose
Zeiten nur mit mir gespielt.

Hast damals geschnitten mich mit allen
deinen blutroten anderen schönsten
Tönen, war stillste Puppe nur
von dir gemacht zu spielen, hingestellt
hast du mich nur an einen
deiner kleinsten Ort für dich.

Doch ehre ich in alle Ewigkeit hier
 vor ihr stehend deine reichen
sättigenden Weiten, werde ruhig
sachter Sanftheit gerne wieder
 Stranden hier an deiner
wärmend süßen Brust.

Werde mit Liebe auf dich immer blicken
und dich herzlich Grüßen, eines deiner
Kinder bin ich und alter
du aber ältester Herr wie Herrin,
hast mir gezaubert bestes
weitestes Benehmen.

Alle meine hungernd Wölfe hast du
mir schweigend gezähmt, hast unter aller
wärmsten lichten Schmerzen geboren
mich, aus diesem deinen
alten reinsten Kaiserblut das du
in mich fülltest ausgegossen.

Hast die beste aller Frauen
mir als Abschied zugeführt,
lässt springen tanzen mich
in glücklichster Erhabenheit,
was du hast meinem
wiedererweckten Herz geschenkt.

Deine unbesehen Wellen waren
meine satte Frische und
auch sichere Nahrung,
deiner Hitze Gischt sie
frisst mich nicht,
sie nährt mich nun zu reichhaltig.

Hast aller schönster stärkster
Wehr Schuppenpanzer
an mich gern gelegt,
hast die ungesehenen ungehörten
und nie getasteten Zeiten
mich gelehrt zu deuten.

Meiner Herz und Seele
Kalender alt und neu
gemischt auf Richtig, in mir scheinen
zu spiegeln und all das zu blicken.

Seichter Schatten Blumenmeer
meiner alten vergangenen Geisterseelen,
bist klar mir nun,
sendest Zeichen mir
nun so hell und wunderbar.

So rein, so klar, so weit,
aller Töne Farborchester
glänzt du in jedem
meiner zahllos Seelen Schein.

Über dir jagen titanenhafte
meine endlos großen
Herzblutgischt Nebelheere,
meine vergangenen Kriege
niemals wilder jagten.

Nur das kleinste glänzende
Reinste ist geblieben in
endlos weiten Wüstensand bestehen,
Rösser und auch ihre
Reiterinnen springen voll
Entzückung immer fort nun in mir.

Warten glänzend über dir um
zu tauchen seicht in deine Tiefen,
um sich zu finden, in dir
ihre Paläste sind allezeit geisterhaft gebaut.

Machst heilig und auch
keusch alle ihre Pracht,
bläst Posaunen tosend
von ihren Zinnen mir der
reinsten Unschuld Liebe.

Damit deine harten Weiten sind
voll sachtem süßen Vogelsang,
sanft Blick ich aus meiner Herzen
Töne hoch auf dein
buntestes Gefieder.

Seh ein Bild dort
stehen allezeit,
meiner alten Sehnsucht
die jetzt für immer ist vergangen.

Du stehest schweigend
haltend mich mit
deinen warmen Daunen,
so ganz fest doch
fast unbrauchbar Richtig.

Deiner Winde Singen
saß wie steifes Gefieder
mir im nun gewärmten Nacken,
ach wie du sie sendest über
meine alten Kinderstädten.

Tanzend über all das was einst
war und nicht mehr ist,
doch schön lachend
tanzend lass ich dich zurück.

Werde schwimmen nun
zu anderen blühend Blumenfelder,
werde sputen mich
durch meiner Dimesnionenmeere
seichter ewiger Tiefe.

Werde mir meine
hohe Heimstadt schaffen,
werde heiligster Vater
gesegnet Königshaus pflanzen,
und werde stärkste Wurzel
aller neuen Häuser Kraft sein.

Werde weiser starker
Steuermann sein und
drehen an aller noch ungesehen Zeit,
bin Takt vorgeben
nun und Rad in jeder Uhr.

Werde graben in aller
meiner heiligen Herzens weite,
werde Messen mich aufs neue und
siegen und mich mit von
dir gelehrter süßer Kraft gießen.

Das beste Werkzeug gabst
du mir mit einem ewig
während Blick gegürtet in mir,
heilige Einsamkeit warst
Heimstadt mir und lehrtest
mich mir selbst eine sein.

Mit einem aus Eisesgluten verlangenden
„Fang an"
durchwebtest du das weite Ende
die Unbändigkeiten meines alten meisselnden
Geistes und verlangst in allem Glanze dort stehend
ganz verzückt
allem was in meinem Nebel jagt
einen Atem und auch Körper zu verleihen.

Außerdem

von

Jack B. Smith

erschienen

Modera

Wenn sie annehmen würden, Streifen zu sehen. Daraufhin
der festen Überzeugung sind, es sei ein Zebra. Dann
unumstößlicher Meinung sind, sie wären in Afrika.
Welches Tier muss es sein, wenn es Streifen hat?
Es könnte ja auch der Schatten von Gras auf etwas deutlich
größerem gewesen sein...

Teilweise Autobiographisch, teilweise Philosophisch,
Teilweise seelische Mythologie.

(erschienen 2013)

Liebling, das Gras ist blau genug!

Kennst du diese Leute, die einem immer sagen, du müsstest von deiner schlimmen Alten weg, und sie suchen dir eine Neue und du dann nie wieder etwas von ihnen hörst. Ich weiß auch, was mit denen passiert ist. Die haben die Neue gefunden und es nicht überlebt. Seit ich eine gewisse Person in meinem Leben habe, ist auch diese innere Stimme weg, die mir etwas Besseres prophezeit. Aber seit ich sie nicht mehr höre, ist da so ein schwingendes quietschendes baumeln...

Über einen heiligen Fluch in meinen Leben, genannt Liebe.
(erschienen 2015)

Hey, Zwangsnormalität!

Der größte Verbrecher war nicht der, der als erstes sein Grundstück einzäunte, sondern der der den Menschen angefangen hat vorzuschreiben was Normal sein muss. Das gefährlichste Wort auf der Welt lautet Normalität!

Über die vermittelte Normalität, mein Leben, Erfahrungsberichte, Gedanken...
(erschienen 2016)

Der Vogelanbeter

Ich bin lieber mit
Anlauf anders
als mit
Gewalt gleich.

Dieses Buch ist
eine Schatzkiste
mit vielen Teilen
meiner Welten...

Texte zum Lachen, träumen und Nachdenken.
(erschienen 2017)

Das weiße Kreuz

Es gibt Religion und etwas, das mehr darüber hinausgeht.
Etwas jenseits davon. Tief in jedem Menschen. Einen
Glauben, den einem das Leben an sich lehrt. Mensch, du
bist eine eigene Kultur, glaube an Dich. Du bist meine
Religion.

Gedanken zu Religion und Glauben.
Einsichten und Ansichten.
(erschienen 2017)

Das wärmste Schicksal

Du bist das wärmste Schicksal
das ich je gekannt.
Der Herze Blume wächst an jedem
Moment an dem Du bist.
Füllt aus bodenlosen Krügen Leere.
Und befiehlt allen Tönen, die schreiend
im Schmerz meiner Seele wohnen,
schweigen.
Balsam dein Blick, dein Lächeln dringt wie
heiliges Licht tief in mich,
lässt mich alles vergessen was war.
Du bist immer bei mir.
Du tust mir gut.
Ich liebe und glaube an dich

Ein Mensch kann dein Leben absolut und von heute auf
morgen ändern... Ich liebe Dich. Du bist immer bei mir...
(erschienen 2017)

Wohnräume

Erfahrungen und Gedanken über Gesellschaft,
Familie und Selbst
(erschienen 2017)

Worüber Eremiten schweigen

Eine fiktiv poetische
Liebeserklärung eines Eremiten an die Einsamkeit

Eine Reise durch weite Welten...
(erschienen 2017)